VIOLIN
ETUDE

GOLA
VIBRATO for violin

Translated by Chiaki YAMAZAKI

ヴィブラート教本
ヴァイオリンのための

ズデニェク・ゴラ 著

山﨑千晶 訳

音楽之友社

ONGAKU NO TOMO EDITION

はじめに

　ヴァイオリンの指導において、どの教師も長年の教育経験のなかで、ほぼ毎日のようにさまざまなヴィブラートの問題にぶつかっています。遅すぎたり、不自然に速すぎたり、また一番よくあるのが筋肉のこわばりです。音色がよく、バランスのとれたヴィブラートに出会うことはそう多くはありません。ヴィブラートのような奏法を理論的に分析し、実践教育することは難しいものです。なぜなら、ヴィブラートは、個人の感覚や感情の豊かさが大きな割合を占めるからです。

　この教本では、初心者向けには身体的・心理的なものとヴィブラートとの関係を呼び起こさせ、また中・上級者にはヴィブラートをかける際に出てくるさまざまな問題を解決する助けとなるように、いろいろな練習法を提供してみました。

　第1章は、年少者・初心者向けです。そのために取り組みやすい練習方法を提示しました。非常に重要なことは、生徒にすべての「弾かない練習」に十分な練習時間を与え、力の抜けたなめらかな動きをしっかり身につけさせることです。このさまざまな準備練習過程を教師は省略すべきではありません。そして、実際に弾く練習に進んだら、ヴィブラートが感情的な面と深く関わるということをしっかりと植えつけさせましょう。

　第2章は、中・上級者向けです。ヴィブラートにおけるすべての問題をいろいろな練習法で解き明かしていきます。もちろん、それぞれの問題に応じて自分に合った練習法を選んでください。これらの練習を通して今までできなかったヴィブラートができるようになるでしょう。

　私はヴィブラートの問題をさまざまな側面から考察してきました。この教本を通して、ヴィブラートに悩むヴァイオリニストに希望が生まれ、また具体的な練習法を通してレヴェル・アップできるようになると信じています。

ズデニェク・ゴラ
Zdeněk Gola

目　次

序　章　ヴィブラート

　　ヴィブラートのかけ方についての基本…………4
　　ヴィブラートを形づくるもの…………5
　　いつヴィブラートを始めるべきか？…………5

第1章　ヴィブラート──基礎編

1. 手首から先のヴィブラートの練習──楽器なし…………6
2. 手首を動かして指を滑らせるグリッサンド練習──楽器を用いて…………7
3. 弦の上で指を滑らせないヴィブラート練習…………8
4. 弓を使って音を出してヴィブラートをかける練習…………9
5. 同じ音のときにヴィブラートを中断させずにつなげる練習…………10
6. レガートでつなげるヴィブラート…………12
7. ヴィブラートを遅く／速くする、そしてクレッシェンド／デクレッシェンドする…………13
8. ヴィブラートによるクレッシェンド／デクレッシェンドのエチュード…………16

第2章　ヴィブラート──実践編

　　いろいろなヴィブラートの動き…………18
　　さまざまな種類のヴィブラート例…………18
1. 前腕からの動きによるヴィブラート…………19
2. 指の関節からのヴィブラート…………20
3. 前腕と指先からのヴィブラート…………22
4. 手首からのヴィブラート…………22
　　　その1　指の関節を動かさない手首だけのヴィブラート（1）
　　　その2　指の関節を動かさない手首だけのヴィブラート（2）
　　　その3　指の関節と手首から動かすヴィブラート
5. 前腕、手首、指の関節のコンビネーション・ヴィブラート…………26
6. いろいろなヴィブラートを変化させる練習…………27
7. レガートの中でのヴィブラート…………28
　　　その1　レガートの中でヴィブラートの種類を変える
　　　その2　3オクターヴのいろいろな種類のヴィブラート練習
8. ゆっくり、速い、広い、狭いヴィブラートの組み合わせ練習…………29
9. 有名なメロディをひとつの指だけで弾く…………29
10. すべての指を入れ替えながらヴィブラートをかける…………37
11. いろいろなメロディ…………38
12. 重音でのヴィブラート…………40
13. 重音の音階のヴィブラート練習…………42
14. ヴィブラートを止めずにいろいろな距離の重音をつなげる…………43
15. 有名な重音のメロディ…………44

序章　ヴィブラート

　ヴァイオリニストの質は、大部分がその音色で決まるところがあります。だからこそ、演奏において色彩豊かな音色、人の声を思い起こさせる美しい音色を形成することはとても重要です。

　人の心を打つ演奏表現の到達には、ヴィブラートの役割がつねに重要な部分を占めています。ヴィブラートの創造には、単に左手のテクニカルな動きの問題だけではなく、個々のヴァイオリニストの感性の豊かさや、表現したいという熱い想いに影響されるところがとても大きいのです。したがって、ある２人のヴァイオリニストが、まったく同じニュアンスや表情のヴィブラートをかけることは不可能です。

　表情豊かなヴィブラートは個別的なものです。だからこそヴィブラートはヴァイオリニストのプロフィールであるとも言えます。

ヴィブラートのかけ方についての基本

1．ヴィブラートは、定めた音程の音の周辺で形成されます。どのくらいの音程の高低で行えばよいか、限定するのは難しいものです。理論的に考えれば、音程の振動数は高くも低くも同じくらいがよいでしょう。さまざまなヴィブラートのテクニック、そして演奏する曲想によって多少変化することもあります。しかし基本的には音の高低をキープすることが重要です。

　　　　　　　　　　ヴィブラート時の音程の高低を図形で表す

2．音の微妙な高低は、爪先から指の先の下半分までを行ったり来たりする動きでつくります。爪先に行く動きのほうが、その逆の動きよりややアクティヴになります。また弦への圧力のかけ具合は、その音を弾いている表現の強弱に比例します。静かなカンタービレのときは、緊張感のあるしっかりとした大きい場面より指先の圧力は弱くなります。そして、ヴィブラートをかけるときに絶対に弦の上で指を滑らせてはいけません。なぜならば音色にセンスがなくなり、音程が定まらないからです。

3．ヴィブラートは、その幅と振動数（速さ）がまったく変わらないと、ノン・ヴィブラートで弾くのと同じくらい表情が乏しくなります。表現力のある演奏は、この２つがつねに交叉し、変化しています。

4．レガートのところでヴィブラートをかけるときは、ほとんどの場合、ヴィブラートを途切れずにつなぎます。最初の音を弾き始めるときに、少しアクティヴに強めのヴィブラートをかけることで、そのフレーズの輪郭をはっきり浮き彫りにすることもできます。

5．"quasi vibrato"（ゆるやかに少しヴィブラートをかける）のとき、左腕に力が入っていることが原因で痙攣するような急激な動きがあると、ヴィブラートは不規則でヒステリックになってしまいます。望ましいヴィブラートは、腕の筋肉がリラックスしており、規則正しくやわらかい動きを持っているものです。

ヴィブラートを形づくるもの

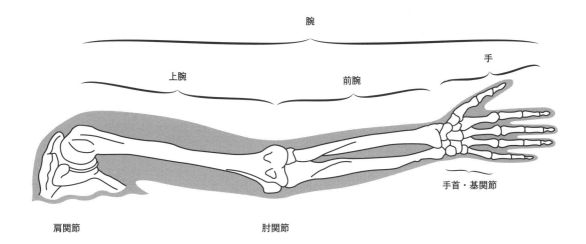

　ヴィブラートをかける際の左腕の動きを技術的な側面から分析すると、「前腕の動き」「手首の動き」「そして指の関節の動き」の3つの部分から成っていることが分かります。

　この動きを若い木の幹にたとえてみましょう。木の幹を下から揺さぶってみると、木の幹（前腕）はとても静かな動きで、枝（手首）はそれよりも速い動き、そして葉（指の関節）は一番速い動きになります。理想的なヴィブラートは、左腕の各部分がそのようなイメージで動いているのです。

①前腕だけのヴィブラートは、割とよい音がしますが疲れやすいものです。また筋肉痛になりやすく、最後には両手に影響してきます。そのうえ、音程が定まりません。

②手首だけのヴィブラートは、とても遅く、表情に欠けます。

③指先だけのヴィブラートは、速く、細かすぎます。ヒステリックでかなり不自然に聴こえ、とくにG線や、ファースト・ポジションなど低いポジションでそれが顕著に出ます。

　この3つの動きがうまく組み合わさってこそ、音色のバランスがとれたヴィブラートとなります。しかし前述のように、ヴィブラートは単にテクニック面の問題だけではなく、演奏する曲から演奏者が受け取るインスピレーションによっておのずとかからなければなりません。

いつヴィブラートを始めるべきか？

　初心者は、ヴァイオリンを習い始めて数カ月後にヴィブラート準備練習（後述）を始めるとよいでしょう。ヴィブラートの練習を始めるのが遅いと、ヴィブラートに必要なやわらかくなめらかな腕の脱力がなくなり、前腕、手首、指の関節の筋肉が固まってしまいます。いろいろなヴィブラート練習を始めてしばらく経つと、ほとんどの生徒はそれぞれの身体に合ったヴィブラートのかけ方を見つけるものです。教師は必要であれば生徒のヴィブラートの動きがうまくいかない原因を分析して、それぞれに見合った練習法を与えるべきです。

　第1章では、ヴィブラートをかける準備となるいろいろな練習法を紹介していきます。すでに経験年数のある演奏家でヴィブラートに何らかの問題を抱えている場合は、第2章の中にあるいろいろな練習から選択するとよいでしょう。

第1章　ヴィブラート──基礎編

　この準備練習は、音色の部分には関係なく、ただ単に左腕のすべての関節をうまく連動させるという練習です。そのためこれらの練習で弓は使わず、また楽器も使わない練習も含まれています。

　この一番はじめの練習では、生徒に無理に速い動きをさせず、自然に動かせるところまでにしておきましょう。

1. 手首から先のヴィブラート練習──楽器なし

《練習1》

　左腕を肩まで上げ、親指を上に向けて、その第1関節を右手で上からつかみます。それから、左腕を完全に脱力させましょう。そして左手を、指を持っている右手にひっかけたような状態にして、左手首を前後に舞うようにゆっくり動かします（**写真1a,1b**）。左腕のすべての筋肉は、完全にリラックスしていなければいけません。その後、この動きを徐々に速くしていき、それと同時に動きも小さくし、最後には最小限にまで小さくしていきます。

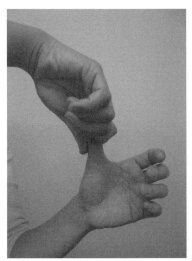

写真1a　前に行く動き　　　写真1b　後ろに行く動き

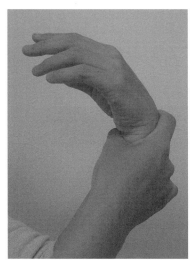
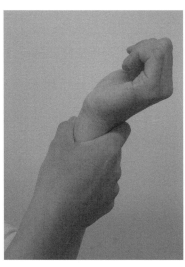

写真2a　前に行く動き　　　写真2b　後ろに行く動き

《練習2》

　左手をヴァイオリンを構えるように上げます。その左手首を右手で軽く支えてもよいでしょう。そうすると、左腕が楽になります。このとき、左腕は完全にリラックスしている状態です。その状態で左手首を前↓後↑に舞うように動かします（**写真2a,2b**）。この動きは、とてもゆっくり、やわらかく、また前後に動かす際に動きが途切れないようにしましょう。

　この練習を何日か行い、数日後、この動きを少しずつ速く、短く、最終的にはヴィブラートをかけているような速い手の動きにまでもっていきます。速くしていくとき、前腕もまったく動かないわけではなく、はっきりと見えないまでも手先の動きに連動して動いています。

2. 手首を動かして指を滑らせるグリッサンド練習——楽器を用いて

《練習1》

　左手をだいたい第6ポジションのところに置きます（ヴァイオリン本体が補助となり手の支えになるのでこの位置がやりやすいでしょう）。第2指を押しつけずに（フラジョレットのように）A線に置きます。そして手首から動かして指を幅広く滑らせます（**写真3a,3b**）。手首の動きは、やわらかく、行きつ戻りつする間に途切れないようになめらかにできるように注意しましょう。この練習を何日か行い、楽に幅広く滑らせることができるようになったら、今度は徐々に動きを速くします。そして滑らせる距離も短くしていき、最終的には半音までもっていきます。このグリッサンド練習は、かならず2・3・4・1の指順で、またすべての弦で練習しましょう。

 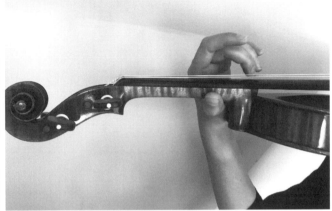

写真3a　前に行く動き　　　　　　　　　　　　　　写真3b　後ろに行く動き

　次の《**練習2**》《**練習3**》は、まずヴァイオリンをギターのように構えて練習します（**写真4**）。その方が左腕の負担がなく、視覚的にもコントロールしやすいためです。そして、ギターの構えでできるようになったら、その後ヴァイオリンを普通に構えて練習しましょう。

写真4　ギターの構え

《練習2》

　左手を第3ポジションあたりに置きます。手のひらはヴァイオリン本体につけておきましょう。それが補助になります。そして、《練習1》と同じ要領で練習します。ここでの練習で重要なポイントは、手の形がほとんどファースト・ポジションのときと同じになることです。

《練習3》

　《練習1》《練習2》と同じように行います。その際、ヴァイオリン本体につけていた手のひらをほんの数ミリ楽器から外します。そして同じようにグリッサンド練習をしましょう。このとき、左手親指と弦を押さえている指先の2点しか触っていないことになります。これがヴィブラートにおける非常に重要な基本位置です。ヴァイオリン本体に手のひらがついている状態、つまり3点目が楽器についている状態は、ヴィブラートの妨げになります。

　この練習では、左手にヴァイオリンの重さがこないよう、また左手だけでヴァイオリンを持つことがないよう、肩や顎でしっかりとヴァイオリンを支えましょう。

3. 弦の上で指を滑らせないヴィブラート練習

　この練習はヴィブラートづくりに一番重要なもので、手首から指先へ動きをつなげる練習です。弦を押さえている指を滑らせずに、指先から爪先までを揺れ動くようにつなげましょう。指の第1関節は、手首からの動きに連動してやわらかく動かすようにします。なお、ハイ・ポジションのときは、速く、狭いヴィブラートをかけるため、弦を押さえている指の第1関節は独立して動きます。

《練習1》

　第2指をA線の第3ポジションに置きます。はじめはヴァイオリン本体に手のひらをつけて支えにし、それができてから手のひらを外して行います。

　手（指から先）を手前に動かして、指の第1関節を曲げます。そして反対方向、つまり向こう側（スクロールの方向）に動かして第1関節を伸ばします。これらを手首から動かして行いましょう（**写真5a,5b**）。

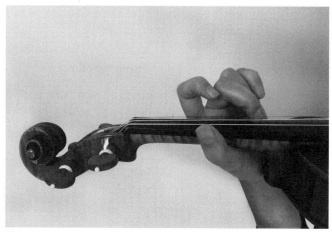 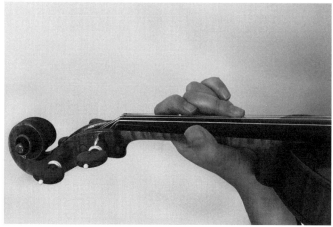

写真5a　手の動きが手前に　　　　　　　　　　　　　**写真5b　手の動きが向こう側に**

　この手首から指の第1関節の動きをつなげる練習は、規則正しく、行きつ戻りつする際に途切れないようになめらかに行います。最初はゆっくり幅広い動きで練習しましょう。その後、徐々に速くしていき、それと同時に動きを小さくしていきます。すべての指、すべての弦で練習しましょう。

《練習2》

　第2指をA線のファースト・ポジションに置きます。親指はヴァイオリンのネックの下の方を触っている状態です。そして、その親指の第1関節はこの練習のときには伸ばしたままになっており、多少左方向に向いています。人差し指のつけ根（第3関節）はヴァイオリンのネックに触れず（3点目の支えとなってしまうので望ましくない）、数ミリほどネックから離れています（**写真6a,6b**）。そして《練習1》（手首を使って指の曲げ伸ばし練習）と同じ方法で練習します。

写真6a　手の動きが手前に　　　　　　　　　　　　　**写真6b　手の動きが向こう側に**

4. 弓を使って音を出してヴィブラートをかける練習

　前述のように、ヴィブラートのかけ方を学ぶにあたって、テクニックだけを追求し感情面を考えない方法では、ヴィブラートの個性がなく、心を打つものにはなりません。これまでの練習は、ヴィブラートの身体的な側面からだけの方法でした。

　美しい音のヴィブラートをつくるためには、内面からの感情を同時に呼び起こすようにしなければなりません。そのために、これからの練習ではかならず、まず歌ってから練習します。歌うことで、どのようなヴィブラートをかけるかを感じ、内面を呼び起こさせることができます。そのあとで、実際に弾いてみるようにしましょう。

　ここでのすべての練習は、まず「ラ〜」などで歌い、そのあとで弾きます。音域が高すぎて出ないようなら、かならずしも実音で歌わなくても、たとえばオクターヴ下げて歌ってもよいでしょう。

《練習1》

　ファースト・ポジションで手を構え、前出の**3．弦の上で指を滑らせないヴィブラート練習**の《**練習2**》と同様の動きを行います（**写真6a,6b**）。ヴィブラートは幅広く、強い動きで、同じ振動数（速さ）ではじめましょう。そして、音をだんだん小さくしていきます。各音をいつもデクレッシェンドして弾きます。これらの練習はA線で記載していますが、そのほかの弦でも練習しましょう。

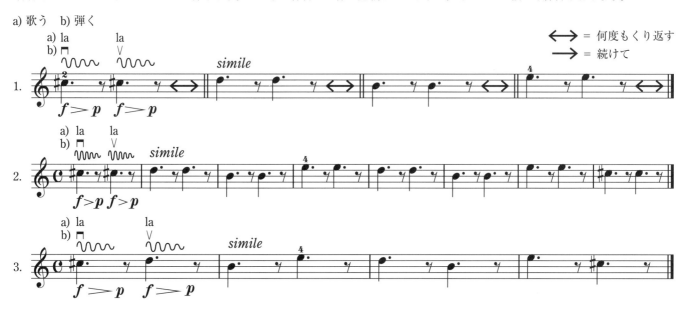

《練習2》

　少し長めに音を弾く練習です。

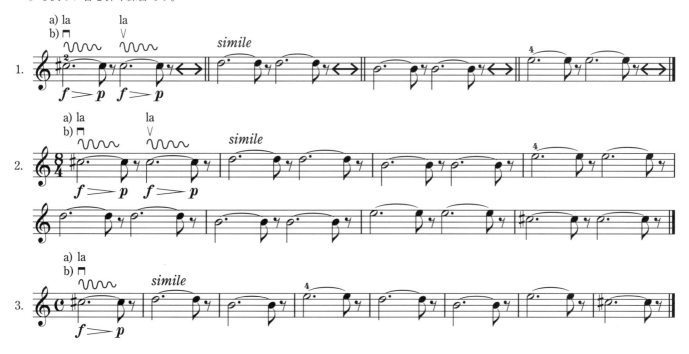

《練習3》

　幅の狭いヴィブラートから始めます。同じ振動数（速さ）で始めましょう。そして、音を徐々に大きくしていくと同時に幅を広くしていきます。各音をいつもクレッシェンドして弾きましょう。

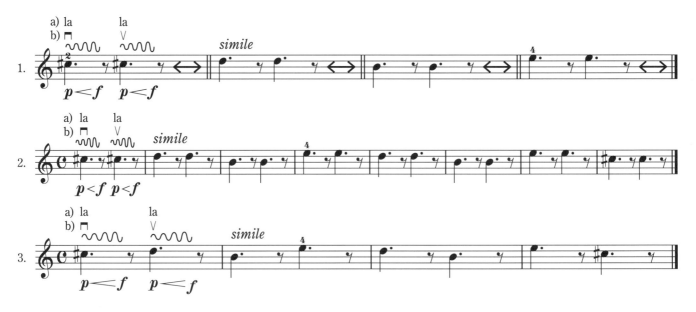

《練習4》

　少し長めに音を弾く練習です。

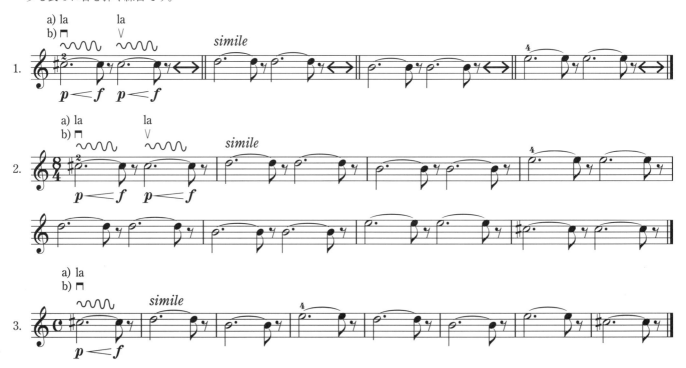

5. 同じ音のときにヴィブラートを中断させずにつなげる練習

　同じ音がデタシェで続く際に、ヴィブラートを止めないようにします。音の最初にアクティヴで広いヴィブラートをかけ、同じ速さをキープしましょう。ダイナミクスは同じままで練習します。いろいろな音量で練習してみましょう。

6. レガートでつなげるヴィブラート

2つ以上の音をレガートでつなげる場合には、各音を弾く際にヴィブラートが止まってはいけません。ある指から次の指に移るときに、ヴィブラートはずっとかかっているようにします。そして、レガートの最初の音は、ヴィブラートを少しアクティヴに、強調して始めましょう。それによって、各音がはっきりと聴こえるようになります。この練習もまずは歌い、そのあと弾いていきましょう。

《練習 1》

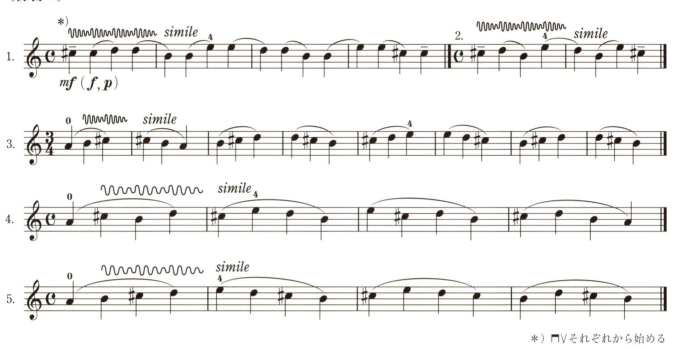

*) ⊓Ⅴそれぞれから始める

《練習 2》

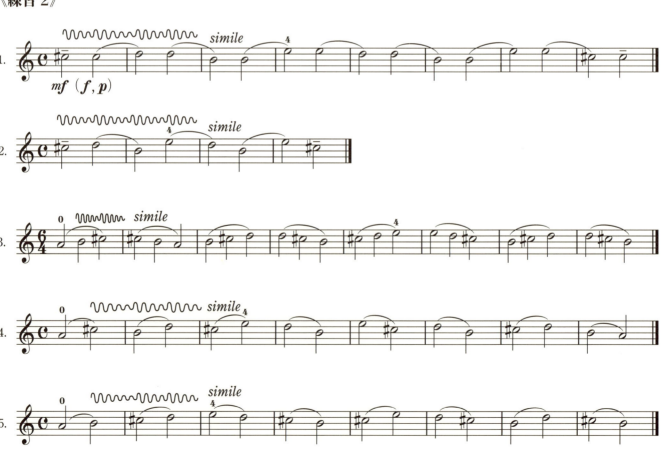

7. ヴィブラートを遅く／速くする、そしてクレッシェンド／デクレッシェンドする

　これまでの練習は、同じ振動数（速さ）の中で幅を変えてヴィブラートする練習でした。これは、左腕の関節を規則正しく静かに動かし、そしてなめらかにつなげて動かせるようにするためのものです。

　表現力のあるヴィブラートを実現するには、時と場合に応じて、ヴィブラートの振動数と幅を変える必要があります。それが一番必要となるのは、クレッシェンド／デクレッシェンドする場合です。音が大きくなっていくとき（クレッシェンド）は、ヴィブラートは速くなり拡大していきます。音が小さくなっていくとき（デクレッシェンド）は、ヴィブラートは反対にゆっくりと縮小していきます。

図形で表すと

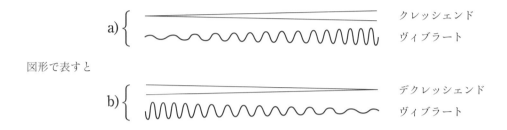

　このヴィブラート練習では、右手の動きにも注意しましょう。クレッシェンドの際には、最初は弓の毛を向こう側に傾け、弓の毛1本のようなつもりで弾き始め、最後はすべての毛が弦に吸いつくように、それと同時に駒の方に少し移動しましょう。デクレッシェンドはその逆で、最初に弓の毛をすべてつけておき、音を小さくするとともに弓の毛を減らしていきます。

　このような急激な強弱の変化をつける場合は、右手と左手を連動させることが最大限の演奏効果をもたらし、大変重要な要素となります。

《練習1》

クレッシェンド／デクレッシェンド

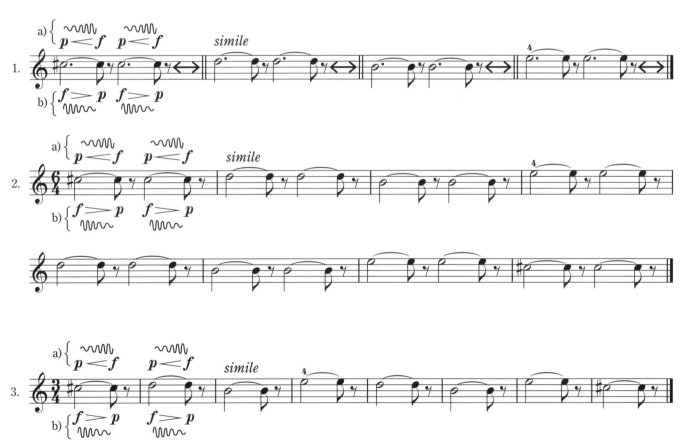

《練習2》

《練習3》

クレッシェンドとデクレッシェンドをつなげる、またその逆

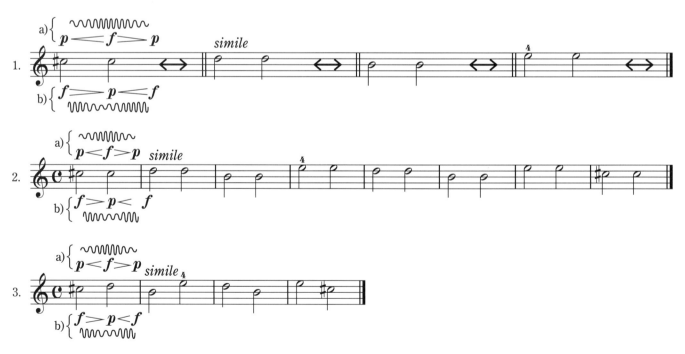

《練習4》

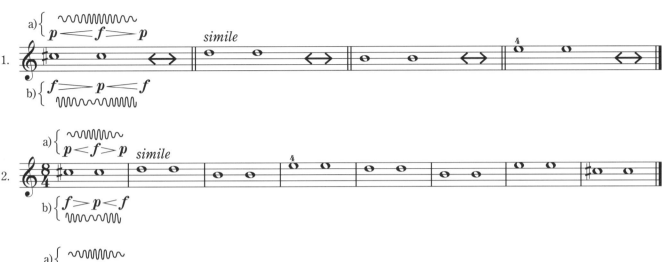

《練習5》

一弓でのクレッシェンド／デクレッシェンド

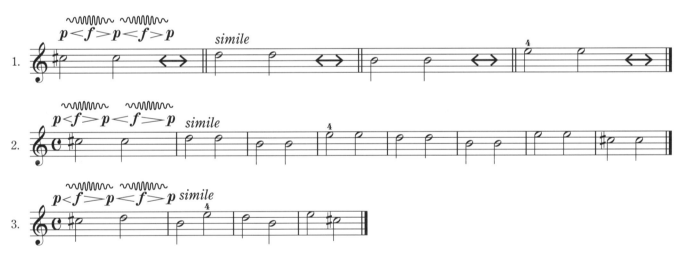

《練習6》

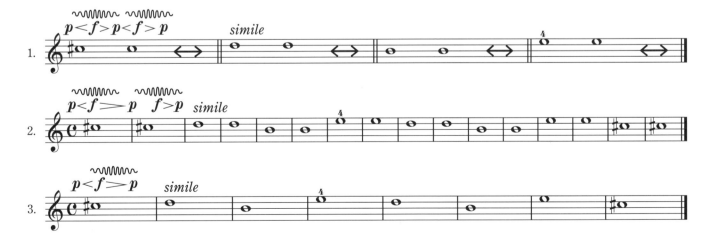

《練習7》

レガートの中でのクレッシェンド／デクレッシェンド

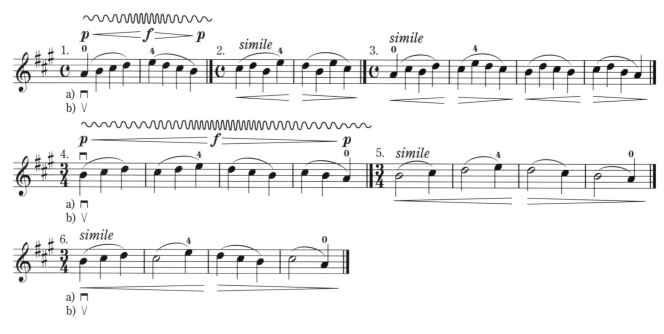

8. ヴィブラートによるクレッシェンド／デクレッシェンドのエチュード

エチュード1

エチュード2

エチュード3

エチュード4

第2章　ヴィブラート――実践編

いろいろなヴィブラートの動き

　ヴィブラートにはいろいろな種類があります。多面的でフレキシブルなヴィブラートを習得するには、いくつかの基本型を理解することが大切です。

　ヴィブラートは、広くも狭くも、また速くもゆっくりもかけられます。そして、この4つの基本のかけ方をもとに、さまざまな組み合わせに発展させることができます。

さまざまな種類のヴィブラート例

#	種類		#	種類	
1	広く、ゆっくり		13	ゆっくりのまま広くから狭く、また広く	
2	広く、速く		14	ゆっくりのまま狭くから広く、また狭く	
3	狭く、ゆっくり		15	速いまま広くから狭く、また広く	
4	狭く、速く		16	速いまま狭くから広く、また狭く	
5	広いままゆっくりから速く		17	広いままゆっくりから速く、またゆっくり	
6	広いまま速くからゆっくり		18	広いまま速くからゆっくり、また速く	
7	狭いままゆっくりから速く		19	狭いままゆっくりから速く、またゆっくり	
8	狭いまま速くからゆっくり		20	狭いまま速くからゆっくり、また速く	
9	広くてゆっくりから狭くて速く		21	ゆっくり広く、狭く速く、ゆっくり広く	
10	狭くて速くから広くてゆっくり		22	速く狭く、広くゆっくり、速く狭く	
11	広くて速くから狭くてゆっくり		23	速く広く、狭くゆっくり、速く広く	
12	狭くてゆっくりから広くて速く		24	ゆっくり狭く、広く速く、ゆっくり狭く	

　ヴィブラートにはいかに多彩な表現の可能性があるかが分かるでしょう。このように少なくとも24の例が挙げられます。これらのいろいろな種類のヴィブラートを使いこなすには、左腕のさまざまな動きを完全に統御することが欠かせません。さまざまなヴィブラートがかけられるようになると、それだけいろいろな曲の表現が自在にできるようになります。

　技術的に完成されたヴァイオリニストであっても、ときどきヴィブラートの面ではうまくコントロールできていない人がいます。よくあるのが、痙攣しているヴィブラートです。また、左腕全体で動かしてしまっていたり、ゆっくりすぎたり速すぎたり、1音のなかでボワーンと膨らんでしまう落ち着かないヴィブラートであったりします。デタシェやレガートの中で中断してしまいつながらないヴィブラートもよく見かけます。

　これらの問題で悩んでいるヴァイオリニストも、これから紹介する練習を行うことで、問題を軽減または解決できるでしょう。

　第2章に入る前に、第1章の内容を理解し修得できているか、もう一度よく読み返し復習してみてください。なぜならこの第2章の練習は、第1章で説明した左腕全体の動きを部位ごとに見ていく練習だからです。

1. 前腕からの動きによるヴィブラート

まず、ヴァイオリンを顎の下と肩でしっかり持ちましょう。

第5ポジションから始めます。親指はヴァイオリンのネックのつけ根のカーブしている所にあり、前腕を動かす際、親指がその場所から動かないようにしましょう。手は2点しか押さえません。弦に触っている指先と、この親指のみです。

低い方のポジションでは、ネックに触っている親指の位置は第1関節より上の辺りにあり、ヴィブラートの際に多少スクロールの方向に向いています。

中指（一番ヴィブラートがかかりやすい指）をフラジョレットのように軽くA線に置きます。そしてそのまま前腕からの動きだけで動かしましょう。指先や、手首は動かしません。指先が左腕からの動きに連動して軽く弦の上を滑るように。この動きを急激な鋭い動きではなく、なめらかでやわらかい、優しい動きで行えるようにしましょう。

この練習は、つねに2・3・4・1の順番で、すべての指、すべての弦、そしていろいろなポジションで行います。なお、時間のないときには、第5ポジション、第3ポジション、第1ポジションだけで練習し、ほかのポジションは省いてもよいでしょう。

《練習1》短3度での指のスライド練習

1．段階的に動きの速度を上げる

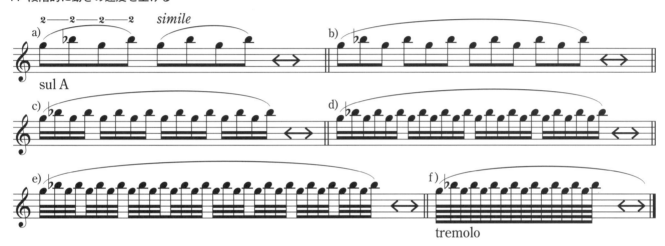

2．徐々にトレモロまでスピードを上げていく

規則正しくヴィブラートを速くしていくのが目的なので、リズムは楽譜にそこまで厳密である必要はない。

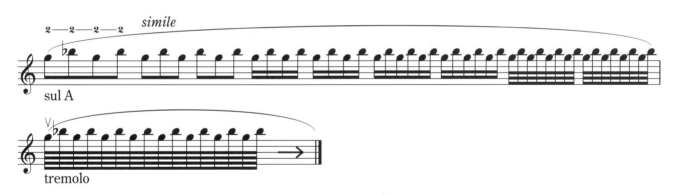

同じ練習を第3ポジション、第1ポジションでも行いましょう。

第3ポジションから

第1ポジションから

《練習2》長2度での指のスライド練習

前出の短3度と同じように行います。

1. 段階的に動きの速度を上げる　　　　　　　　　　　　　　　2. 徐々にトレモロまで速度を上げる

同じ練習を第3ポジション、第1ポジションでも行いましょう。

第3ポジションから

第1ポジションから

《練習3》短2度での指のスライド練習

前出の長2度と同じように行います。

1. 段階的に動きの速度を上げる　　　　　　　　　　　　　　　2. 徐々にトレモロまで速度を上げる

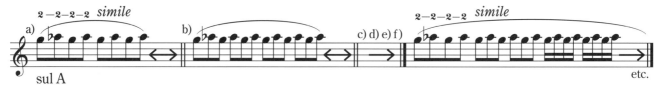

同じ練習を第3ポジション、第1ポジションでも行いましょう。

第3ポジションから

第1ポジションから

2. 指の関節からのヴィブラート

　2種類の練習方法で行います。まず、指先をフラジョレットのように軽く弦に置き、ひとつは指の第1関節を動かさずに爪先から指の腹へ動かす練習。もうひとつは第1関節を動かしながら爪先から指の腹へ動かす練習です。指を押したときに指の第1関節がまっすぐになり、それを離して力を抜いたときに第1関節が戻って曲がった形になる、というのが指先ヴィブラートの基本です。この指先の動きは、爪先から指の腹のあたりで行います。

　すべての指、すべての弦、いろいろなポジションで行いましょう。

写真7

《練習1》指の関節を使わない練習

これは速いトリルのような練習です。

この動きは第3関節からだけで、第1関節、第2関節は動かしません。弦を押さえている指先は、弦からほんのわずかしか上に上げないようにしましょう。

低い方のポジションのときは、手首は少し中に入ります（写真7）。この練習では、弦を押さえている指と親指の2点しか楽器に触れません。

ゆっくりからトレモロへ

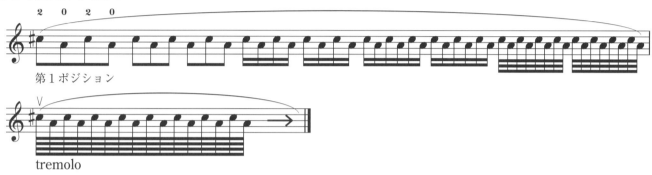

第1ポジション

tremolo

《練習2》指の関節を使う練習

ヴィブラートをかける指は弦から離さないようにします。そしてフラジョレットのような状態ときちんと押さえた状態を交互に行います。第3関節から動かしましょう。そして、指を押したときには第1関節がまっすぐになり（**写真8a**）、指を戻したときには第1関節が曲がるようにします（**写真8b**）。

これが、爪先から指の腹への揺れるような行き戻りの動きとなります。

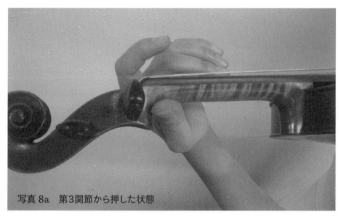

写真8a　第3関節から押した状態

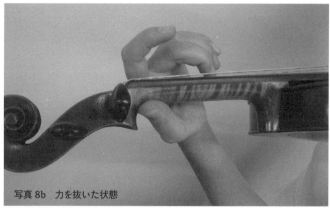

写真8b　力を抜いた状態

1．段階的に動きの速度を上げる

＊）↓＝指の第1関節がまっすぐ　　↑＝指の第1関節が曲がる

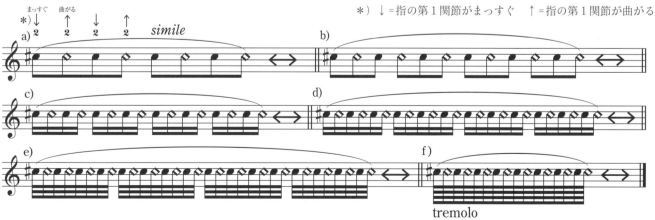

tremolo

2. 徐々にトレモロまでスピードを上げる

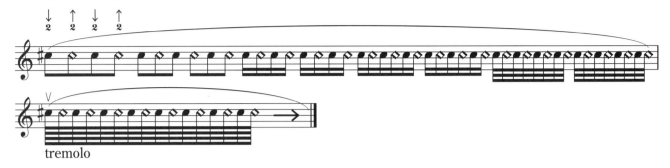

3. 前腕と指先からのヴィブラート

前腕と同時に指の関節を動かす練習です。ここではまだ手首は動かしません。この練習の目的は、指の爪先から指の腹までを前腕の動きを使って揺り動かすことです。最初は同じ音ではなく4分の1音ほど違う音程で弾きます。徐々に速くしていく際に音程もせばめていきましょう。すべての指、すべての弦、いろいろなポジションで、腕全体の力を抜いて行います。

1. 段階的に動きの速度を上げる

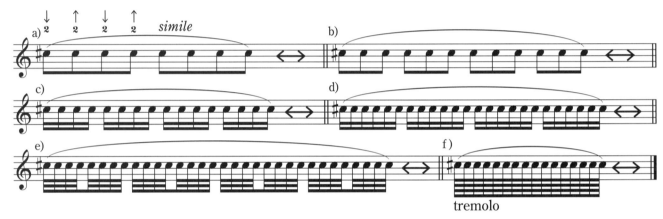

2. 徐々にトレモロまで速度を上げる

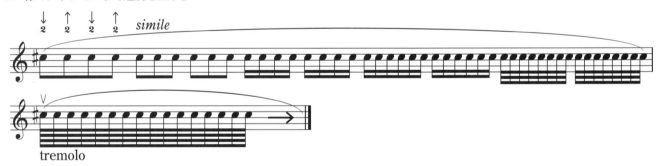

4. 手首からのヴィブラート

2種類の方法で練習します。ひとつは指の関節を動かさず、もうひとつは指の関節も動かして練習します。

両方ともすべての指、すべての弦、そしていろいろなポジションで行いましょう。

その1　指の関節を動かさない手首だけのヴィブラート（1）

この練習は、一番安定感のある第5ポジションから始めます。ヴァイオリンは顎の下で楽に構えましょう。左手は3点が触れています。親指、押さえている指、楽器の肩についている手のひらの3点です。ヴィブラートは手首からだけで動かします。押さえている指はその際、つねに一定の丸いフォームをキープしましょう。手首からの動きを使って指先を滑らせます。

その後、3点で押さえていた手を、親指と押さえている指の2点にして練習しましょう。

《練習1》短3度で指を滑らせる練習

1．段階的に動きの速度を上げる

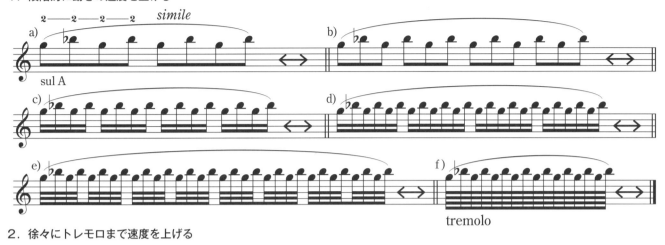

2．徐々にトレモロまで速度を上げる

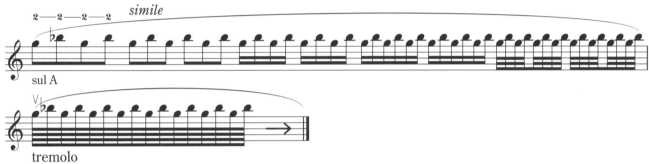

第3ポジションと第1ポジションでも練習しましょう。

第3ポジションから

第1ポジションから

第1ポジションでは、親指全体がネックに触れています。このとき、手のひらは前腕からのラインにそってまっすぐではなく、少し内側に入っています。そして人差し指のつけ根は、わずかにネックから離れています。手首からの動きが途切れないで、規則正しくなめらかにきれいにつながるように注意しましょう（**写真9a, 9b**）。

写真 9a　手の動きが手前に

写真 9b　手の動きが向こう側へ

《練習2》 長2度で指を滑らせる練習

短3度での練習と同じ要領で行います。

1. 段階的に動きの速度を上げる　　　　　　　　　　2. 徐々にトレモロまで速度を上げる

第3ポジションと第1ポジションでも練習しましょう。

第3ポジションから

第1ポジションから

《練習3》 短2度で指を滑らせる練習

長2度と同じ要領で行います。

1. 段階的に動きの速度を上げる　　　　　　　　　　2. 徐々にトレモロまでスピードを上げる

第3ポジションと第1ポジションでも練習しましょう。

第3ポジションから

第1ポジションから

その2　指の関節を動かさない手首だけのヴィブラート（2）

　これはトリルを思い起こさせるような方法を使って手首を動かす練習です。第1指の指先を弦に置き、第2指をそこから4分の1音ほどの音程のところにくっつけるようにのせます。しかし、このとき第2指は弦に触れず、弦の上3ミリぐらいのところにあります。この第2指を、指ではなく手首から動かしてみます。すると、第2指が弦に触れて規則正しいトリルになります。これは多くのヴァイオリニストが、とくにハイ・ポジションでトリルを弾く際に、指から動かすのでなくヴィブラートをかけるように動かすのと同じ方法になります。

　このトリル練習は、第3指、第4指でも行い、またすべての弦といろいろなポジションでも行いましょう。

1. 段階的に動きの速度を上げる

2. 徐々にトレモロまで速度を上げる

第3指、第4指でのトリル練習

上記と同様の方法でE、D、G線での練習

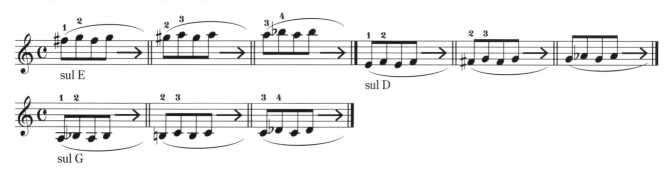

そして第3ポジション、第5ポジション

同じ方法でほかの弦も行いましょう。

その3　指の関節と手首から動かすヴィブラート

　このヴィブラートは一番よく使われます。なぜなら、このヴィブラートはかけやすく、また音色もさまざまな場面に適応するからです。速さは、速くも遅くもなく中ぐらいの速さで、ここからまた速くしたり遅くしたりすることも楽にできます。

　手首と同時に指の関節が動きます。指の第1関節は、向こう側に行ったときにまっすぐに伸び、手前に戻ったときに曲がります。これが指先の揺れる動きとなります。

　まずはゆっくりのテンポで、4分の1音くらいの音程で練習しましょう。その後、少しずつテンポを上げながら幅を狭めていきます。

　まずは左手の3点（手のひら、指先、親指）がヴァイオリンに当たるような状態で練習し、そこで正しい左手の位置ができてきたら、指先と親指の2点にして練習します。すべての弦、いろいろなポジションで練習しましょう。

1．段階的に動きの速度を上げる
第5ポジション

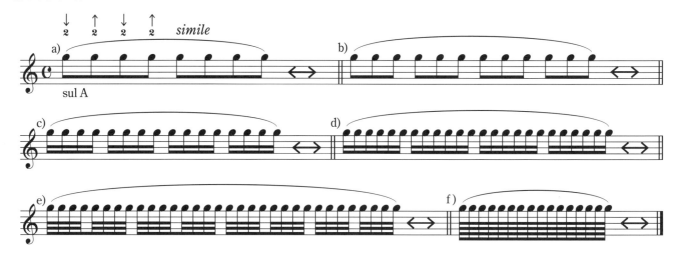

2．徐々にトレモロまで速度を上げていく

同じ練習を第3、第1ポジションで

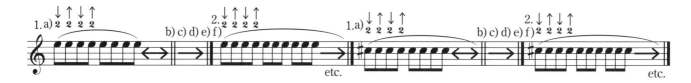

5. 前腕、手首、指の関節のコンビネーション・ヴィブラート

　前腕、手首、指の関節をほどよく混ぜ合わせたコンビネーション・ヴィブラートは、理想的なヴィブラートと考えられます。このヴィブラートをうまくかけるには、いくつかの重要事項が挙げられます。
　①3番目の支えを使わないようにします（手のひらをヴァイオリンの肩につけない、人差し指のつけ根をネックにつけない）。ヴィブラートをかける指と、ネックにある親指の第1関節の2点のみで支えているようにします。
　②使っている筋肉はつねにリラックスした状態を保ち、手が痙攣したり、ヴィブラートのために疲れたりすることがあってはいけません。
　③ヴィブラートをかける指先は、あまり押さえすぎず、左腕全体が軽い感覚でいるようにします。
　④大きすぎる動きでヴィブラートをかけようとせず、むしろ規則正しく、ほどよくまとまったヴィブラートをかけることに集中します。

　次の練習法は、8分音符で広めでなめらかな動きで始めましょう。肘、手首、指の関節など左腕全体をすべてうまく連動させてヴィブラートをかけます（若い木の幹が振動し、それが枝、そして葉に伝わるように）。前腕の動きは最小限にし、反対に手首と指の動きはやや幅広くしましょう。徐々にヴィブラートを速くしていく際には、この左腕の動きを小さくしていき、逆にゆっくりなテンポにする際は動きを大きくしていきます。

　前回の練習と同じ方法で行います。すべての指、すべての弦、いろいろなポジションで行いましょう。

1. 段階的に動きの速度を上げていく
第5ポジション

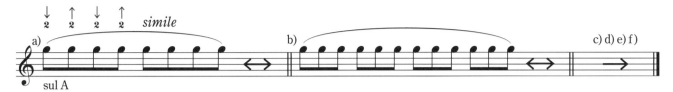

2. 徐々にトレモロまで速度を上げていく

同様の練習を第3ポジションと第1ポジションで

第3ポジション　　　　　　　　　　　　　　　　第1ポジション

6. いろいろなヴィブラートを変化させる練習

　さまざまなニュアンスのヴィブラートを実現させるには、まず左腕のどの部分を中心としてヴィブラートをかけるかをきちんと把握していることが必要です。ヴィブラートによる音色の変化やニュアンスは、演奏する楽曲のキャラクターや各場面での状況や欲求によって決定されます。もちろん、演奏者が事前にどの場所でどのような種類のヴィブラートをかけるか計画することはほとんどありません。ヴィブラートによる表現は、演奏する曲から感じられる楽想から生まれ、その後、実際に演奏するときにいろいろと変化させたり修正したりしているのです。

　左腕が実際のさまざまな演奏状況でいち早く反応できるように、演奏者は日ごろから身体的・感覚的にすべての種類のヴィブラートを経験しておくべきです。たとえば、速いヴィブラートでは、指の関節からのヴィブラートが多くなり、反対にゆっくりとしたヴィブラートは手首からかけることが多くなります。だからこそすべての組み合わせのヴィブラートを練習することで、いろいろな状況での多種のヴィブラートが可能になるのです。

前腕と指の関節、手首と指の関節、前腕と手首と指の関節のヴィブラート

　　　　前腕＋指関節
　　　　手首＋指関節
　　　　前腕＋手首＋指関節

この3つの方法で練習します。すべての弦、いろいろなポジションで行いましょう。

7. レガートの中でのヴィブラート

　レガートの中でのヴィブラートは、ある指から次の指に移るときに、ヴィブラートが止まらないようにします。そのためには、次の指に移る瞬間、かならず広めのヴィブラートをかけましょう。前の音の最後は振動数が衰退するので、次の音に移った瞬間に広めのヴィブラートをかけることで振動数が同じように聴こえるのです。このようにヴィブラートをかけると、レガートの音色がつねに生き生きとして聴こえます。

その1　レガートの中でヴィブラートの種類を変える

その2　3オクターヴのいろいろな種類のヴィブラート練習

音階を弾く間、つねに同じ種類のヴィブラートをかけます。

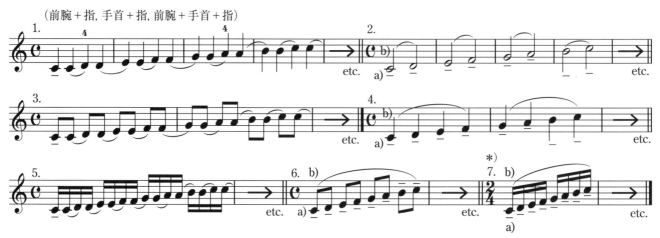

＊）指を速く動かす際のヴィブラートは、わずかに手を速く動かすだけ

8. ゆっくり、速い、広い、狭いヴィブラートの組み合わせ練習

　第2章の冒頭でいろいろなヴィブラートの組み合わせを24例挙げました。そして、腕、手首、指先のそれぞれの部位を個別に取り上げて練習してきたことが、この少なくとも24種類のヴィブラートを習得するのに非常に役立ったはずです。

　これら各部位をすべて連動させてヴィブラートをかける練習をしていきましょう。もちろん、このとき左腕の各部位は同じエネルギーにはならず、つまり、広くゆっくりのヴィブラートでは手首が優先的になり、狭く速いヴィブラートの際には、指先や時として前腕からの動きが優先的になります。ここでは、最終的には各演奏家が、すべての部位の動きを最大限に生かしてうまくヴィブラートをかける方法を、自分で見つけることになります。

　まず、18pの24例から一番かけやすいヴィブラートを選び、第2指から始めましょう。ほかの指に変えたときに、同じ音色、同じニュアンスになるように注意します。

　24例を、ほかの弦やいろいろなポジションでも行います。ポジション移動の際、低い方の弦ではヴィブラートはやや広くゆっくりめで、高い方の弦やハイ・ポジションではヴィブラートは狭く集中した動きになります。

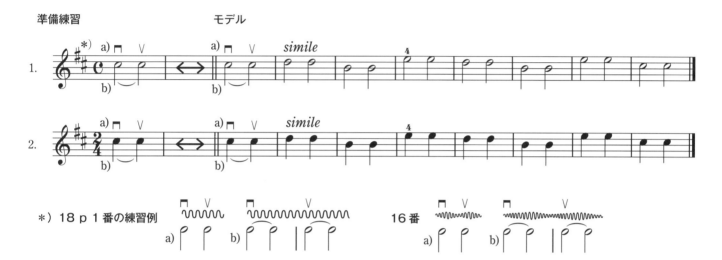

9. 有名なメロディをひとつの指だけで弾く

　ヴィブラートの非常に効果的な練習法として、有名なメロディをひとつの指だけで、それもいろいろなニュアンスで弾くというものがあります。

　まずはじめにメロディを歌います。歌うことで、演奏者とその音楽の間に相互理解ができるのです。それが感情豊かなヴィブラートをかけることにつながります。

　以下のメロディは、ひとつの指で楽に弾けるように記載してあります。これらのメロディをすべての弦で弾いていきますが、少しずつポジションを上げていき、最後にハイ・ポジションまでもっていきます。ポジションを上げていくときには、自動的に調性の変化に対応できるように半音、または全音で上げていきます（楽譜参照）。それぞれのメロディは、まず原曲を暗譜します。そうすることで、ポジションを上げていく際に音程間隔や調が分からなくなったりせず、自動的に正しく移調できるようになります。

メンデルスゾーン／ヴァイオリン協奏曲 第1楽章 より
原曲

移調

32

ブルッフ／ヴァイオリン協奏曲 第2楽章 より

このように徐々に高いポジションへ移動していきます。

コレッリ／《ラ・フォリア》より
原曲

移調

そして全音上

このように徐々に高いポジションへ移動していきます。

ドヴォルザーク／交響曲第9番 第2楽章 より
原曲

移調

第1指

第2指

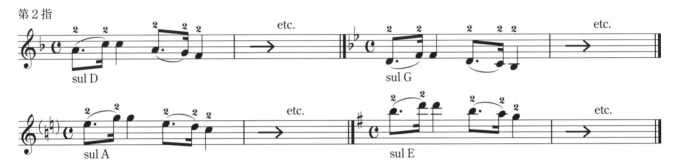

第3指

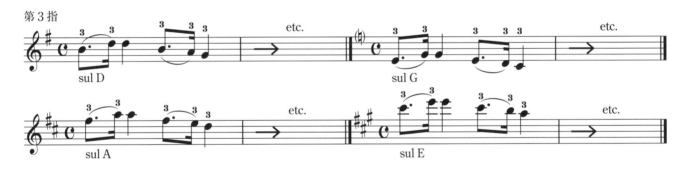

第4指

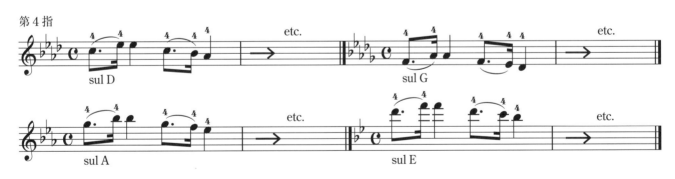

第1指

そして全音上

このように徐々に高いポジションへ移動していきます。

ドヴォルザーク／ソナチネ 第2楽章 より

原曲

移調

そして半音上

このように徐々に高いポジションへ移動していきます。

ラロ／《スペイン交響曲》第4楽章 より
原曲

そして全音上

このように徐々に高いポジションへと移動していきます。

10. すべての指を入れ替えながらヴィブラートをかける

　指を入れ替えながらかけるヴィブラートは、ひとつの指でかけるヴィブラートと同じ質を保てるように心がけましょう。ある指から次の指に移る際に、ヴィブラートが途切れないように、レガートの中でのヴィブラートは各音のはじめを少し強調するようにします。

　クレッシェンドする際のヴィブラートは速くなり、デクレッシェンドの際は逆に穏やかになります。下記のメロディは、第1、第4、第7ポジションで弾きましょう。ポジションが高くなればなるほど、ヴィブラートの振動は狭く、集中的になります。

エチュード

11. いろいろなメロディ

ヴィエニャフスキ／《モスクワの思い出》より

サン=サーンス／《白鳥》

ドヴォルザーク／《わが母の教えたまいし歌》

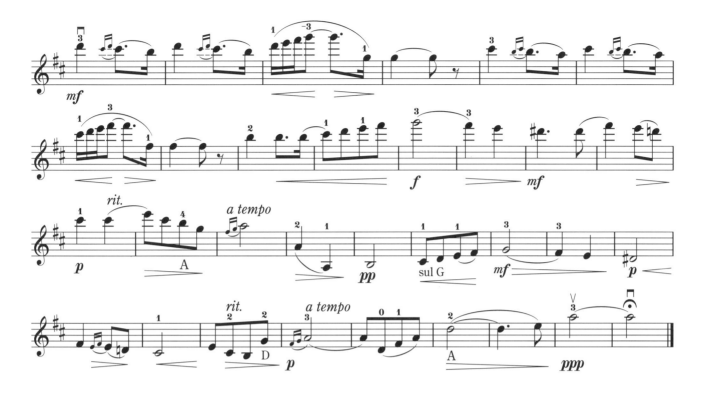

マリア・テレジア・フォン・パラディス／《シチリアーノ》

ヴィヴァルディ／ヴァイオリン協奏曲イ短調 第2楽章 より

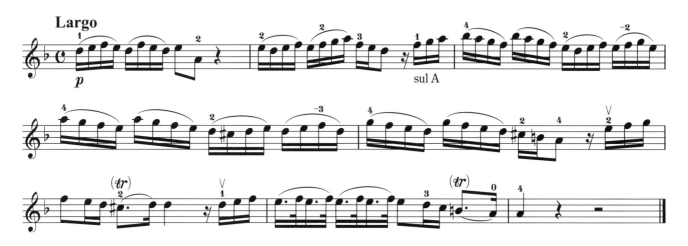

　なめらかな動きのヴィブラートのためには、ソナタや協奏曲、小品などからゆっくりした楽章を用いて練習すると効果的です。たとえばバッハの《G線上のアリア》や、エチュードであればF．ヴォールファールトの『60の練習曲』（作品45）から第8番、第32番、第47番（ペータース版）など、F．マザスの『特別な練習曲』（作品36）から第1番、第7番（ペータース版）、クロイツェル『42の練習曲』から第1番などがよいでしょう。

12. 重音でのヴィブラート

　重音でのヴィブラートが難しい理由のひとつは、2本目の指、つまり3点目の接点が追加されることで左腕の脱力が困難になることです。

　重音のヴィブラートを習得するにあたって、まず短6度や、増4度、減4度、長3度、減7度などふたつの指の距離があまり離れていない重音から練習を始めるとよいでしょう。

　次に重要なポイントは、指の関節を楽にし、左手の位置を正しくすることです。指の短い人は、重音のヴィブラートをかける際は主に前腕と指の関節からかけるようにしましょう。重音のヴィブラート練習は、ひとつの指のヴィブラートが完全に習得できてから行うようにします。

　2音を押さえておきながら、まずは上または下の音それぞれ片方の音だけを弾きます。弾いていない方の指はフラジョレットのように軽くのせておくだけにし、しかし同時にヴィブラートをかけます。この方法によって、2つ目の音を弾いている指＝3点目の接点の力がとれ、ヴィブラートがかけやすくなるのです。

　すべての弦と、第1ポジション、第5ポジションで練習していきます。

1．指の距離が狭い重音

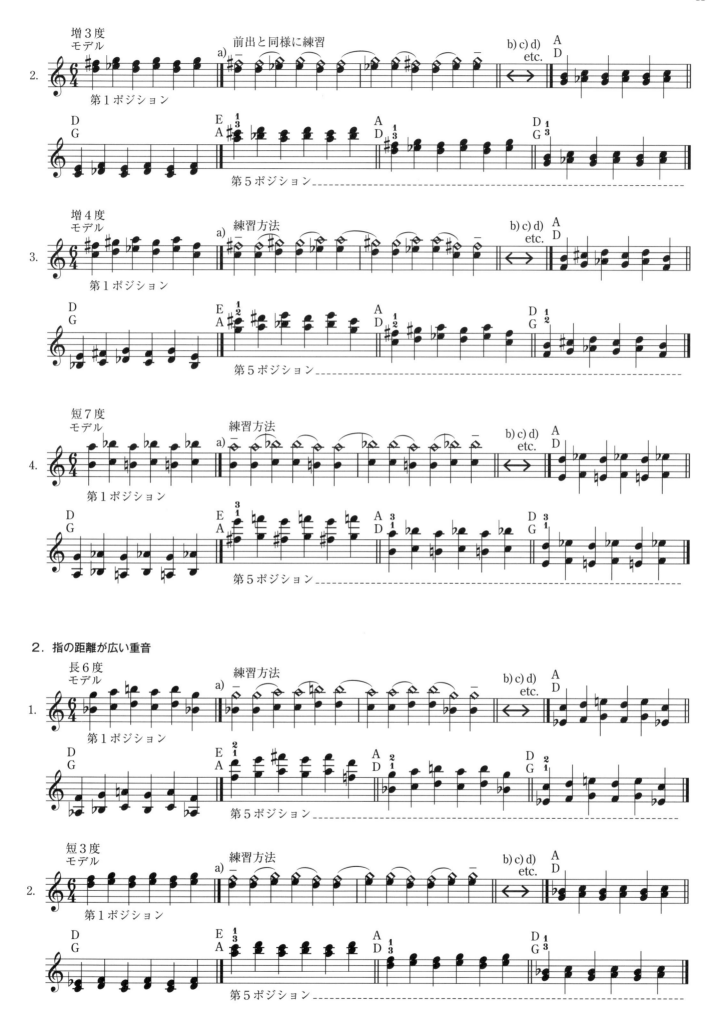

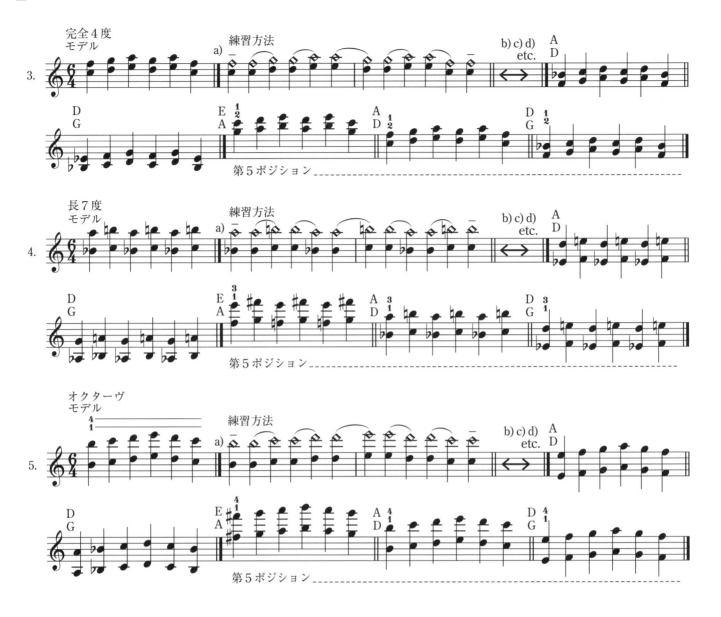

13. 重音の音階のヴィブラート練習

　これは3度、6度、オクターヴの重音練習です。2オクターヴで練習していきます。左腕の力を抜くことと、指を変えたりポジション移動するときにヴィブラートを止めないように注意しましょう。

ここでも、重音の片方の音をフラジョレットのように指をのせておきながら、上または下の音片方だけ弾く練習をするとよいでしょう。

14. ヴィブラートを止めずにいろいろな距離の重音をつなげる

《練習1》移弦の入らない重音

＊）半音ずつハイ・ポジションまで同じ要領で続ける

G−D, A−E線でも同様に

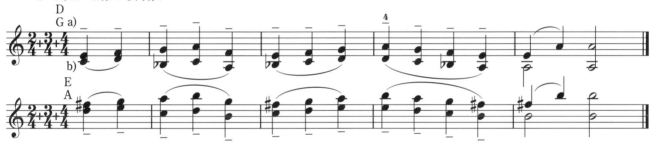

1−2, 2−3, 3−4 の半音間，全音間の練習

＊）かならず完全な8度

ここでも、重音の片方の音をフラジョレットのように指をのせておきながら、上または下の音片方だけ弾く練習をするとよいでしょう。

《練習 2》移弦の入る3度、5度、6度

＊）同じ要領でハイ・ポジションまで続ける

15. 有名な重音のメロディ

クロイツェル／『42の練習曲』第33番 より

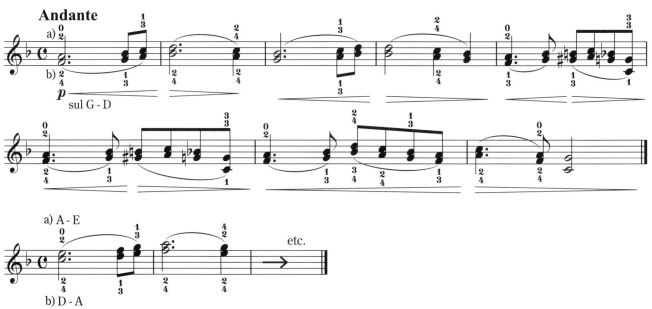

練習方法

　重音の片方の音だけ表情豊かなヴィブラートをかけて弾きます。フラジョレットで記載してある音は弾きませんが、ヴィブラートはかけます。この方法で以下のすべてのメロディを練習しましょう。

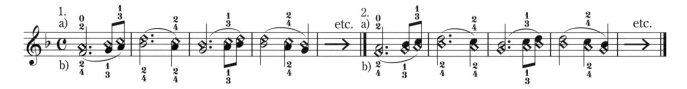

J.F. マザス／『特別な練習曲』第 27 番 より

コレッリ／《ラ・フォリア》より

パガニーニ／《24 のカプリース》第 24 番 より第 3 変奏

ラフ／《カヴァティーナ》より

ゴラ／『60の8分音符エチュード 第2巻』より第11番

ベートーヴェン／《ロマンス》ト長調 より

ヴィエニャフスキ／《レジェンド》より

重音の練習は、ほかにもいろいろな曲を取り上げてできます。

訳者あとがき

　ヴィブラートを修得すること、あるいは教えることはヴァイオリン演奏のなかでも分かりにくく、難しい分野になります。うまくかからないと思いながらもどうしたらよいか分からない、またはヴィブラートを教えるにあたってどのように教えるのがよいか、多くの教師が悩むところです。しかし、具体的な練習法を記載した教本は日本のみならず欧米でも多くはありません。

　チェコ共和国のヴァイオリン教師であるズデニェク・ゴラ氏が書いたこの教本は、約50ページにわたりヴィブラートのみに特化して徹底的にその奏法を追求しています。チェコ共和国に長年在住していた私は、プラハの楽譜屋でふとこの教本を見つけ、自身のブログで一部を紹介していたところ、演奏家仲間から「ぜひ出版してほしい」とすすめられ、翻訳に至りました。

　初心者やアマチュア奏者がヴィブラートを始める際の方法から、多くのプロ奏者が修得したいと願う重音のヴィブラート奏法まで、この教本を注意深く練習すれば、最高のヴィブラートを修得できるようになっています。

　そして、ヴィブラートを単に手の動きの問題としてとらえるのではなく、あくまでも演奏者自身の心から生まれる音楽的表現から自ずとかかるものである、という観点から練習法が提示されているのも特筆すべき点であります。この教本がヴィブラートに関する多くの疑問を解決し、より多彩な音色を表現できる助けになると信じております。

　最後に、刊行にあたりご尽力いただいた音楽之友社出版部の山本美由紀氏にお礼を申し上げます。

翻訳者・ヴァイオリニスト　山﨑千晶

著者　Zdeněk Gola　ズデニェク・ゴラ（1929～） チェコ共和国のヴァイオリン教育者。ブルノ・ヤナーチェク音楽アカデミーで学び、その後オストラヴァ音楽院のヴァイオリン教授となる。コンサートマスターやソリストなど演奏家として活躍するだけでなく、数多くのヴァイオリン教本の著者でもあり、ベーレンライター社からポジション移動やフィンガリングについての教本「Violin Technique」（全2巻）が刊行されている。

訳者　山﨑千晶（やまざき ちあき） 桐朋学園大学卒業後、スペイン王立セビリヤ交響楽団に所属。その後チェコ共和国に戻り2004年よりマリアーンスケ・ラーズニェ交響楽団のコンサートマスターに就任。2006年～2015年までピルゼン・フィルハーモニーのコンサートマスターを務める。チェコ共和国各地の音楽祭やドイツ、スペイン、北米、南米、日本で演奏活動を行う。

ヴィブラート教本　ヴァイオリンのための

2017年3月10日　第1刷発行
2025年4月30日　第9刷発行

著　者　ズデニェク・ゴラ
訳　者　山﨑千晶
発行者　時枝　正
　　　　東京都新宿区神楽坂6の30
発行所　株式会社 音楽之友社
　　　　電話 03(3235)2111(代)　〒162-8716
　　　　振替 00170-4-196250
　　　　https://www.ongakunotomo.co.jp/

474320　

VIBRATO by Zdeněk Gola
© 1999 by Zdeněk Gola
落丁本・乱丁本はお取替えいたします。
Printed in Japan.

本書の全部または一部のコピー、スキャン、デジタル化等の無断複製は著作権法上での例外を除き禁じられています。また、購入者以外の代行業者等、第三者による本書のスキャンやデジタル化は、たとえ個人や家庭内での利用であっても著作権法上認められておりません。

装丁：吉原順一
組版：中島慶章
楽譜浄書：(有)神野浄書技研
印刷：㈱平河工業社
製本：㈱ブックアート